LES
NOCES D'OR

DE M. L'ABBÉ ROQUE

Curé de Maurens.

BERGERAC

IMPRIMERIE BLANQUIE ET Cⁱᵉ, 16, RUE BELLEGARDE

1884

LES NOCES D'OR

LES

NOCES D'OR

DE M. L'ABBÉ ROQUE

Curé de Maurens.

BERGERAC

IMPRIMERIE BLANQUIE ET Cie, 16, RUE BELLEGARDE

1884

LES

NOCES D'OR

Le 2 septembre 1884 ont été célébrées, dans la paroisse de Maurens, les noces d'or de M. l'abbé Roque, c'est-à-dire le cinquantième anniversaire de sa nomination dans ce poste important. Jamais on n'avait vu dans cette localité une manifestation de ce genre et qui est bien rare dans les annales d'un diocèse. Ce digne et excellent ecclésiastique reçut, le 11 de juin 1832, l'onction sacerdotale des mains sacrées de Mgr de Lostanges, de sainte et noble mémoire, et restaurateur de l'évêché de Périgueux après la grande Révolution française. Le lendemain de son ordination, le saint prélat fit appeler dans son cabinet particulier le jeune prêtre et lui adressa les paroles suivantes : « Mon cher enfant, vous êtes Sarladais, je le sais, et vous êtes sincèrement attaché à votre pays d'origine, mais le Seigneur vous demande le même sacrifice qu'il exigea autrefois du patriarche Abraham. Vous allez quitter ce que vous avez de plus cher au monde : vos parents et vos nombreux amis. Un prêtre digne et éclairé, qui s'appelle M. Guine, curé de Maurens, vous demande pour vicaire et collaborateur. Ce respectable ecclésiastique dirigera vos jeunes pas dans la direction des âmes et le gouvernement d'une paroisse. Vous serez, en outre, chargé de conduire spirituellement la petite paroisse d'Eglise-Neuve-d'Issac, dont je connais déjà le bon esprit.»

A ces touchantes et paternelles paroles, sa réponse fut celle-ci : « Un enfant bien né ne peut désobéir à un bon père ; je dirigerai mes pas où vous me jugerez digne d'aller, et je sais qu'en accomplissant votre volonté, je suis sûr de faire celle de Dieu même. »

En quittant la ville de Sarlat, il se rendit à Bergerac, en compagnie de M. l'abbé Mazet, supérieur du grand séminaire, non pas en voiture, mais avec une mauvaise monture, à travers des pays abruptes et rocailleux. Après avoir quitté Lalinde, un horizon nouveau s'offrit à leurs regards ; le bon M. Mazet, ardent et zélé partisan de son pays, fit remarquer avec enthousiasme la vaste étendue de la charmante plaine de Bergerac. Arrivé au presbytère, l'abbé Roque y trouva l'excellent M. Macerouze, curé de la cité, et celui qui devait le prendre pour aide et collaborateur. Chose étrange et digne de remarque, ces deux ecclésiastiques ne s'étaient jamais vus ni connus. Le soir du même jour, M. l'abbé Guine, curé de Maurens, conduisit son vicaire dans la maison presbytérale. Le dimanche d'après, M. l'abbé Guine accompagna son vicaire dans la paroisse d'Eglise-Neuve pour prendre possession de ce poste de confiance que Monseigneur lui avait confié. L'on procéda ce jour même à l'installation civile et religieuse, et la réception la plus brillante fut faite à ces deux ecclésiastiques.

Ces braves gens étaient si satisfaits d'avoir un prêtre au milieu d'eux, qu'ils demandèrent à Monseigneur la permission de l'avoir toujours avec eux. Cet état de chose ne dura que peu de temps, M. le curé de Maurens fut nommé vicaire-régent à

Terrasson. Alors Mgr de Lostanges lui adressa une lettre pour lui faire savoir que n'ayant pas de prêtres pour le moment, le curé d'Eglise-Neuve était destiné à servir Maurens pendant la semaine et M. Macerouze chargé de dire les offices les dimanches. Cette situation dura l'espace de deux ans. Les habitants de Maurens, fatigués de cette espèce de veuvage, demandèrent à Monseigneur M. l'abbé Roque pour curé titulaire de Maurens.

C'est le 2 du mois de septembre que M. l'abbé Roque fut nommé curé titulaire de la paroisse de Maurens. Ceci se réalisa dans l'année 1834, et, par conséquent, c'est le 2 de ce mois que devaient se célébrer avec raison les véritables noces d'or de M. l'abbé Roque comme curé de la paroisse.

Aussi tous les habitants de Maurens ont-ils été heureux de célébrer avec enthousiasme ce glorieux anniversaire. Tout a été préparé pour donner à cette cérémonie le plus splendide éclat. On avait placé deux rangées d'arbres de l'église au presbytère ; deux arcs de triomphe ornaient l'un le portail de l'église, l'autre l'entrée du presbytère. L'intérieur de l'église était orné de guirlandes et d'oriflammes. A la voûte du sanctuaire était suspendue une large couronne ornée de fleurs et retenue par quatre guirlandes placées aux quatre angles du sanctuaire. Tous les prêtres du canton de Villamblard, unis à M. le doyen de Laforce et à un prêtre distingué de la ville de Sarlat, furent chercher en procession le bon curé.

Au presbytère, et là, en présence de tout ce clergé, M. Loze, ancien maire de Maurens, s'est présenté portant sur son bras une étole d'honneur en drap d'or, et, s'adressant au chef du canton, a lu un discours marqué au coin du goût le plus exquis ; il a fait voir en termes élogieux les qualités du pasteur et le bien immense qu'il a opéré parmi son troupeau. M. le curé, dans sa réponse, a remercié en termes bien sentis celui qui offrait ce symbole de l'autorité pastorale et lui a dit qu'il l'acceptait comme un témoignage authentique des paroissiens pour le pasteur et qu'il en garderait un éternel souvenir.

De là, on se dirigea vers l'église, en suivant cette allée couverte d'une épaisse jonchée. La messe a été chantée solennellement par M. le curé de Douville officiant, qui a prononcé une allocution qui a vivement ému l'auditoire. L'orateur chrétien a fait l'éloge de M. l'abbé Roque et a rappelé avec énergie les diverses phases de sa vie. M. Roque a remercié chaleureusement son digne confrère, tous les curés du canton ainsi que les trois prêtres étrangers qui étaient venus, par leur présence, rehausser l'éclat de cette fête de famille.

Ensuite le curé de Maurens a lu publiquement le procès-verbal de la cérémonie, qui a été signé et déposé dans les archives de l'église. Après cet office solennel, la procession s'est mise en marche et a reconduit au presbytère le bien-aimé pasteur, qui a parlé à la foule en ces termes :

« Mes bien chers paroissiens, je vous remercie avec la plus vive effusion de cœur de l'empressement que vous avez mis à me témoigner votre attachement sincère ; vous n'avez pas oublié que je vous ai toujours consolés dans vos malheurs et dans vos peines. J'ai toujours été disposé à vous rendre tous les services possibles, soit la nuit, soit le jour. Mon affection pour vous ne s'est jamais démentie et mes constants efforts ont toujours tendu à faire régner l'union la plus étroite entre le pasteur et le troupeau, et de vous voir tous parfaitement heureux. Vous avez reçu tout à l'heure la bénédiction divine de Notre-Seigneur ; je vais maintenant vous donner la mienne qui partira de mon cœur qui vous est parfaitement dévoué, comme un gage certain de mon attachement inaltérable, et avec le désir le plus ardent de nous retrouver un jour dans la patrie des serviteurs de Dieu. »

Après l'office religieux, les convives se sont rendus dans le jardin du presbytère au nombre de *quarante*. Une vaste tente avait été dressée pour couvrir les tables. Le service a été fait de la façon la plus régulière et la plus convenable. Une gaîté simple et cordiale a régné pendant tout le temps du repas. Pas de bruit, pas d'agitation ; chacun faisait sa conversation familière et affectueuse avec ses voisins. A la fin de ce modeste dîner, plusieurs toasts ont été portés et des vivats ont été acclamés avec une joie douce et paisible. M. le curé de St-Jean-d'Estissac a lu une pièce de vers provenant de la muse poétique de M. Labat, doyen du canton de Salignac et ancien desservant de St-Jean-d'Eyraud. Ensuite est venu M. Rousseau, habitant de Bergerac, qui a récité avec chaleur un long morceau de poésie, divisée en trois chants, qui a fixé particulièrement l'attention de tout l'auditoire.

M. l'abbé Roque a répondu avec reconnaissance à tous les vœux qui lui ont été adressés. Enfin, M. le doyen de Villamblard a couronné toutes ces harangues par des paroles qui partaient d'un cœur animé de la foi la plus vive et du dévouement le plus absolu. Le nom de M. l'abbé Dumas est synonyme de bonté, de charité et de bienveillance.

Tout le monde s'est enfin séparé en emportant un doux souvenir de cette agréable journée.

A M. LE CURÉ DE MAURENS

POUR SES NOCES D'OR.

Vénérable curé, c'est trop d'honneur pour moi
Que de vous adresser des vœux pour cette fête;
Mais tout se réunit pour m'en faire une loi,
Et ma langue en tel jour ne peut rester muette.

De cet heureux pays vous êtes seul le roi,
Et tous avec bonheur suivent votre houlette :
Ce peuple ne saurait entrevoir sans effroi
Le jour où vous pourriez n'être plus à sa tête.

Demeurez à Maurens encore bien longtemps,
Tenant entre vos mains les cœurs de vos enfants.
Et que ferait sans vous cette pauvre paroisse?

Des pauvres, qui serait l'avocat, le soutien ?
Vous perdre, quel malheur ! y songer, quelle angoisse !
Oh ! restez, ce troupeau ne veut pas d'autre bien.

Son tout dévoué,

EUGÈNE LABAT.

HOMMAGE A M. ROQUE

Curé de Maurens depuis cinquante ans,

POUR LA CÉLÉBRATION DE SES NOCES D'OR.

Chant Premier.

A l'ombre des ormeaux, l'antique presbytère
Abrite un bon curé que partout on révère.
Cette vieille maison, source de charité,
Se distingue surtout par sa simplicité.
L'ordre le plus parfait orne cette demeure,
Où le pauvre en haillons vient frapper à toute heure.
Il sait que le pasteur accueille l'indigent,
Qu'il lui donne du pain, s'il le peut, de l'argent.
Roque, ce cœur vaillant que son grand zèle honore,
Commence son travail au lever de l'aurore.
Il gagne son église, et c'est dans ce saint lieu
Qu'il offre avec ferveur un sacrifice à Dieu ;
Et depuis cinquante ans, ce prêtre vénérable
Célèbre chaque jour ce mystère adorable.
Dans un transport d'amour il épanche son cœur,
Pour demander à Dieu, notre divin Sauveur,
De le sanctifier, de protéger ses ouailles,
De féconder leurs champs, de bénir leurs semailles.
Il donne avec plaisir des soins à son troupeau,
Et son attachement pour lui n'est pas nouveau.

Cette longue existence est digne de remarque.
Avec habileté, Roque a conduit sa barque
Sur les flots agités d'un monde corrompu ;
Qu'il soit complimenté, Messieurs, puisqu'il l'a pu.

Aux malades, il fait souvent une visite.
Auprès des malheureux, le temps passe trop vite !
S'il trouve en son chemin un pauvre laboureur,
Il lui montre le Ciel où l'attend le bonheur.

. . . .

Il brave la fatigue, et malgré son grand'âge,
Il parcourt maintes fois chaque petit village (1).
Il aime les enfants, il les fait babiller,
Il les caresse tous, il veut les conseiller ;
Et ces petits bambins, heureux de sa visite,
Entourent le pasteur et lui font une suite.

Chant Deuxième

Mais voici le dimanche et sa solennité :
En tous temps, en tous lieux, nos pères l'ont fêté.
La source du plaisir nous vient de cet usage,
Chacun se réjouit dans son petit ménage ;
La famille empressée attend et veut partir,
La mère gardera, son enfant va dormir ;
Et quand la cloche sonne on se rend à l'église :
Le pauvre y prend sa place, et nul ne l'y méprise !
C'est le seul lieu du monde où la fraternité
Règne, au nom du Seigneur, dans sa simplicité.
Bon ! voilà le curé qui va monter en chaire,
Et d'un ton paternel, qui sait toujours complaire :

---

(1) La commune de Maurens est une des plus vastes de l'arron-
dissement de Bergerac et se compose de plusieurs petits villages.

« Mes frères, leur dit-il, adorons le Seigneur,
« C'est un devoir sacré qui réjouit le cœur.
« Son nom est l'Éternel, son regard étincelle,
« Et son souffle divin rend notre âme immortelle !
« Nous pouvons la sauver par la religion
« Et le zèle éclairé de la dévotion.
« Nous gagnerons le Ciel, que notre esprit s'enflamme !
« Il faut, de Jésus-Christ, arborer l'oriflamme,
« Sur laquelle est écrit : « Aimez votre prochain ;
« Donnez à l'indigent des habits et du pain ;
« Ne calomniez pas le chrétien, votre frère ;
« Le matin et le soir faites votre prière ;
« Unissez la douceur avec la fermeté ;
« Faites régner dans tout l'honneur et l'équité. »
« Et vous, enfants, soyez l'espoir de votre père ;
« Soyez obéissants, respectez votre mère ;
« Montrez-vous dans la classe excellents écoliers ;
« Donnez à vos devoirs des soins particuliers.
« Vous devez, jeunes gens, aimer votre Patrie,
« Il faut lui consacrer votre temps, votre vie ;
« Montrez-vous courageux, soyez braves soldats,
« Il faut vaincre ou mourir au milieu des combats !
« Frères, n'oubliez pas le repos du dimanche ;
« Du travail quotidien, cette journée est franche ;
« A servir le Seigneur ce jour est destiné ;
« Pour reposer le corps il est aussi donné.
« Mais le travail est bon, il faut toujours qu'on l'aime ;
« Nul ne récoltera s'il ne plante ou ne sème.
« Soignez votre vignoble, embellissez vos champs,
« Donnez à vos troupeaux des soins toujours constants. »

Chant Troisième.

Les voilà, ces conseils qu'on raille et qu'on critique.
Mais laissons les méchants remplir leur rôle inique
Et la religion répandre ses bienfaits ;
Son esprit et sa loi nous rendent plus parfaits.

Elle est grande, elle est juste, et sa philanthropie
Fait toujours plus de bien que la philosophie,
Qui laisse de côté, dans son obscur travail,
Le Dieu de l'univers, suprême gouvernail !
Elle cherche pour l'homme un bonheur éphémère :
L'homme qui vit si peu sur cette pauvre terre !
Et dont le seul espoir est l'Immortalité,
Qui procure aux élus tant de félicité.

. . . .

Les romans de nos jours font plus de mal encore.
Ces écrits malfaisants, que l'honnête homme abhorre,
Ne portent dans le cœur que la perversité ;
Ils répandent partout l'orgueil, l'impiété !
La fille du portier veut devenir marquise ;
De Champagne et d'amour, sans cesse elle se grise ;
Elle voudrait monter sur un beau piédestal ;
Elle y monte, en descend, et meurt à l'hôpital !
Jetez, jetez au feu cette littérature
Faite sans aucun goût, sans talent ni mesure,
Qui détourne l'ouvrier de la simplicité,
Du travail honorable et de la probité !
Ces petits romanciers bouleversent le monde :
Qui nous délivrera de cette race immonde
Publiant que le prêtre est un fourbe, un menteur,
Cherchant à ravaler cet homme plein d'honneur ?
La mer puisse engloutir tous ces auteurs infâmes,
Qui perdent la jeunesse et corrompent les femmes,
Et dirigent leurs traits sur la religion !

. . . .

Vous gémirez encore, ô filles de Sion !

. . . .

Laissez en paix l'Église, admirez son histoire,
Que ses nombreux martyrs font resplendir de gloire.
Ses illustres enfants, Fénelon, Bossuet,
Sont pour elle à jamais le plus noble cachet.
Le nom de Chéverus brille comme une étoile,
Et saint Vincent de Paul faisait prendre le voile
A ces anges bénis, fleurs de la sainteté,

Que l'on nomme à bon droit les Sœurs de charité.
Par ses nombreux bienfaits, oui, l'Église rayonne ;
Les vierges et les saints composent sa couronne.
Elle prend par la main l'enfant dans le berceau ;
Elle guide ses pas jusqu'au bord du tombeau.
Oui, l'Église du Christ gardera sa puissance,
Tantôt dans la splendeur, tantôt dans la souffrance !
Vous la voyez déjà pleine d'affliction,
Ne portez pas plus loin la persécution.
Laissez l'homme de Dieu prier dedans son temple,
Malgré tous vos efforts, on l'aime, on le contemple !

. . . .

. . . .

Roque, mon cher ami, cette réunion,
Où président la joie et la douce union,
Faite pour célébrer ta noble cinquantaine,
Est ici, pour nous tous, la plus heureuse aubaine !

P. ROUSSEAU.

2 Septembre 1884.

24

www.ingramcontent.com/pod-product-compliance
Ingram Content Group UK Ltd.
Pitfield, Milton Keynes, MK11 3LW, UK
UKHW022242070726
13613UKWH00005B/2063